TARZAN

Der Rubin von Rifa

von Jesse Fox

Jllustriert von Gerd Werner

NEUER TESSLOFF VERLAG · HAMBURG

© Copyright 1970, 1964, 1959 bei Edgar Rice Burrougs, Inc. All rights reserved. Veröffentlicht in Übereinkommen mit Western Publishing Company, Racine, Wisconsin, USA. Deutsche Fassung Artur Zickler. Alle deutschen Rechte bei Neuer Tessloff Verlag, Hamburg.

Cheetas Fund

Tarzan schwamm mit langen kräftigen Schlägen auf die andere Seite des Urwaldflusses, wo auf dem schattigen Ufer ein Schimpanse, nervös hin und her rennend und hüpfend, seine Ankunft erwartete.
Der Urwaldmensch stieg an Land und strich das lange blonde Haar, das in Strähnen über Stirn und Wangen hing, mit einer schnellen Bewegung nach hinten. Er lachte, als er den nervösen Affen mit großen Sprüngen auf sich zukommen sah.
„Warum ist Cheetah bange?" rief er fröhlich. Breitbeinig stand er da, die Hände in die Hüften gestützt, und blickte auf den Affen herab. Dann schüttelte er sich, daß die Wassertropfen nur so flogen. Cheetah sprang ärgerlich zurück und wischte sich einen Tropfen aus dem Auge. Hohe kreischende Töne ausstoßend, sprang er von neuem herum. Der riesige Weiße runzelte die Brauen und fragte sich, was denn wohl dem sonst so ruhigen Schimpansen in die Krone gefahren sein könnte.
Er bückte sich zu Cheetah und wiederholte: „Wovor hat Cheetah Angst?"
Der Affe schlang einen seiner langen Arme um ihn und wies mit dem anderen auf den Fluß. Tarzan schaute in die angezeigte Richtung, konnte aber nichts Beunruhigendes entdecken und schüttelte verständnislos den Kopf.
Kein Krokodil ließ sich sehen, und alles im Flußbereich atmete Frieden. Tarzan konnte sich beim besten Willen nicht vorstellen, weshalb sich der Schimpanse Cheetah derart aufregte. Der Affe griff seinen Arm und zerrte ihn mit sich fort. Gutmütig gab Tarzan nach und ließ sich von Cheetah etwa zwanzig Meter das dichtbewachsene Ufer entlangziehen. Und dann blieb er plötzlich wie vom Blitz getroffen stehen. Dort lag ein Mensch am Rande des Wassers, auf dem sandigen Ufer. Der Mann lag auf dem Bauch mit dem Gesicht im Schlamm; er war in eine lange weiße Kutte gehüllt. Tarzan hielt den Atem an, während seine scharfen Augen die Umgebung nach Feinden absuchten, die sich möglicherweise im Grün verborgen hielten. Doch nichts bewegte sich, kein Laut war zu vernehmen, und einigermaßen beruhigt drehte er sich wieder um und blickte lange auf den Mann. Dann kniete er behutsam nieder und drehte den Körper vorsichtig um. Das von der Sonne gegerbte Gesicht des Unbekannten hatte die Farbe von Mahagoniholz. Die langen schwarzen Haare fielen weit über die Schultern, und ein schwarzer Bart umrahmte das Gesicht, dessen Augen geschlossen waren; er hatte eine leicht gebogene, ziemlich große Nase und einen schmalen Mund mit dünnen Lippen. Tarzan sah: das war kein Weißer. Dieser Mann, der da vor ihm lag, war ein Araber, und Tarzan fragte sich, was der Mann

aus dem Norden, dieser Wüstenbewohner, im Herzen des Dschungels zu suchen hatte, wo außer Tarzan nur Tiere und Negerstämme lebten.
Tarzan beugte sich vornüber und legte das Ohr an die Brust des Mannes.
Cheetah, der mit neugierigen Augen jeder Bewegung seines Herrn gefolgt war, äffte Tarzan nach und legte gleichfalls seine riesige Ohrmuschel an die Brust des Fremden. Er schüttelte winselnd den Kopf und bebte vor Abscheu, während er versuchte, Tarzan von dem bewegungslosen Mann wegzuzerren.
„Gib Ruhe, Cheetah!" sagte Tarzan ungeduldig. „Dieser Mann ist nicht tot . . . wir müssen ihm helfen!"
Der Schimpanse zog verärgert die Oberlippe hoch, protestierte aber nicht länger. Cheetah wußte, Tarzans Wille war Gesetz, und er mußte sich fügen. Er ging ein Stückchen weiter, setzte sich an das Flußufer, stützte den Kopf in die Hände und starrte über das Wasser. Cheetah fand, daß Tarzan heute besonders langweilig war. Statt mit ihm in den Bäumen herumzutollen und Späße zu treiben, kümmerte er sich um diesen fremden Menschen. Cheetah klaubte einen flachen Kieselstein auf und warf ihn wütend in das Wasser, das sich in einem langen Streifen kräuselte.

Ha, war das ein nettes Spielchen! Cheetah suchte noch ein Steinchen ... und noch eins und noch eins. Er amüsierte sich köstlich, und das Problem, das ihn vor einer Minute geärgert hatte, war vergessen. Suchend blickte sich der Affe nach noch mehr Steinchen um. Ha — dort lag ein besonders hübscher Stein. Es war ein Prachtstein, der da im hohen Gras lag und funkelte und schimmerte wie ein vom Himmel gefallener Stern. Mit großen Sätzen sprang Cheetah auf ihn zu.
Der Schimpanse betrachtete den Stein von allen Seiten. Er fand ihn zu hübsch, um ihn ins Wasser zu werfen. Mit großen Sprüngen kehrte er zu Tarzan zurück, der sich aufgerichtet hatte und nachzudenken schien. Cheetah zog an Tarzans Arm, aber der schüttelte das Tier unwirsch von sich ab.
Aber Cheetah war hartnäckig. Er kniff Tarzan in die Wade — und Tarzan gab einen Schmerzensschrei von sich, daß Cheetah vor Vergnügen einen Purzelbaum durch das Gras schoß.
Tarzan schüttelte ohne zu begreifen den Kopf und beugte sich wieder über den unbekannten Mann zu seinen Füßen. Cheetah seufzte tief. Es fiel heute schwer, Tarzans Aufmerksamkeit zu gewinnen. Der Urwaldmensch hob den bewegungslosen Araber hoch, als ob er so leicht wäre wie ein Sack Federn, und warf ihn sich über die Schulter. Er hatte einen Beschluß gefaßt. Er wollte den Mann in seine Wohnung mitnehmen, in die aus Ästen und Palmblättern erbaute Hütte in der Krone eines jahrhundertealten Baumes. Dort sollte Jane, Tarzans Lebensgefährtin, sich um den Mann kümmern. Mit dem schreienden und kreischenden Cheetah hinter sich zog Tarzan los. Der Schimpanse hielt den glitzernden Stein noch immer fest in der Hand. Ab und zu blieb er stehen, um seinen Fund schnell noch einmal zu betrachten.
Es begann zu dämmern, als Tarzan endlich seinen Baum erreichte. Er hatte heute für den Heimweg viele Stunden gebraucht, hatte nicht wie sonst Gebrauch von den herabhängenden Lianen gemacht, um von Baum zu Baum schwingend schneller voranzukommen.
Nun stand er am Fuß des riesigen Baumes und blickte hoch. Undeutlich vernahm er aus der hohen Ferne das fröhliche Lachen von Jane und die hellere Stimme seines Sohnes, des nun fast elf Jahre alten Boy.
Cheetah wartete nicht, bis Tarzan an der aus Pflanzenfasern geflochtenen Leiter, die von der Hütte herabhing, nach oben zu klettern begann. Mit einem kräftigen Sprung saß der Schimpanse auf dem untersten Ast des Baumes, und bevor man bis zehn zählen konnte, stand er vor dem Eingang der Hütte, wo er von Boy begrüßt wurde, der sich hinhockte und den ausgelassenen Affen mit den Armen auffing.
Cheetah ließ sich die Liebkosungen des Jungen einen Augenblick gefallen und befreite sich dann mit einem Sprung aus des-

sen Armen, um in die dämmrige Hütte zu springen. Er legte den Stein auf den Tisch, der in der Mitte des Raumes stand.
Jane strich dem Tier über den Kopf und wandte sich wieder der Ecke des Raumes zu, wo über einem kleinen Feuer eine Pfanne brutzelte, die einen herrlichen Duft verbreitete. Sie war so sehr mit dem Kochen beschäftigt, daß ihr entgangen war, was der Schimpanse auf den Tisch gelegt hatte.
Aber Boy hatte es deutlich gesehen, und ehe der Schimpanse es verhindern konnte, hatte der Junge den Stein herangeholt und betrachtete ihn mit bewundernden Blicken. Boy konnte sich nicht erinnern, je zuvor einen Kieselstein gesehen zu haben, der so prächtig glänzte und schimmerte und dabei so durchsichtig war wie ein Regentropfen.
„Mutter", rief er aufgeregt, „sieh doch nur, was Cheetah gefunden hat!"
Jane drehte sich nicht um, sondern blieb bei der brutzelnden Pfanne.
„Ich habe jetzt keine Zeit, Boy", rief sie über die Schulter. „Gleich kommt Tarzan nach Hause und wird großen Hunger haben!"
„Tarzan hat sehr viel Hunger ... es riecht lecker!" ertönt in diesem Augenblick die Stimme des Urwaldmenschen. Dann trat er

in die Hütte, den noch immer bewußtlosen Araber auf der Schulter. Jetzt erst drehte sich Jane um — und schaute mit vor Erstaunen weit offenen Augen auf den Fremden, der wie ein Sack über Tarzans Schulter hing.

„Der Mann ist krank", sagte Tarzan kurz. „Jane soll ihn gesund pflegen!"

„Gesund pflegen?" wiederholte Jane fragend. „Was denkts du, was ich bin? Ich bin doch kein Medizinmann!"

Sie schaute ihn einen Augenblick leicht verweisend an, kniete sich aber dann doch zu dem Araber, nachdem Tarzan ihn vorsichtig auf den Boden gelegt hatte. Sie lauschte dem kaum vernehmbaren Atemholen des Arabers — dann blickte sie zu Tarzan hoch und fragte: „Ist er verwundet?"

Der schüttelte den Kopf.

„Nur krank ... keine Wunde von Speer oder Pfeil!"

„Vater", sagte Boy, „schau doch einmal den Stein, den Cheetah gefunden hat ... sieh doch, wie hübsch er glänzt."

Nur mit einem halben Auge blickte Tarzan auf den Stein, den der Junge in der Hand hielt. Er war wenig interessiert und hatte sich schon wieder abgewandt — als ihm plötzlich bewußt wurde, welchen Glanz der Stein in der Hand seines Sohnes ausgestrahlt hatte.

Mit einem Ruck dreht sich Tarzan wieder herum und konnte sich vor Staunen kaum fassen: einen „Kieselstein" von dieser Größe und solchem Glanz hatte er noch nie zu Gesicht bekommen.

Er mußte ihn Jane sofort zeigen. Als er sie anrief, hätte sie fast das Gleichgewicht verloren, denn sie saß auf ihren Hacken und drehte sich schnell um, weil Tarzans Stimme so aufgeregt klang. Ein durch die Öffnung in der Wand hereinfallender Sonnenstrahl spielte über den Stein. Blaue, rote und weiße Funken sprühten nach allen Seiten und schienen die Hütte zu erhellen. Jane holte tief Luft, und sie vergaß den Mann, der ihre Hilfe nötig hatte, für einige Augenblicke ganz und gar.

„Tarzan", stammelte sie, „du hältst da ein ... ein Vermögen in deinen Händen!"

Tarzan nickte zustimmend. Boy blickte seine Mutter mit großen Augen an und fragte neugierig: „Was ist ein Vermögen, Mutter?"

Jane gab keine Antwort. Sie stand langsam auf und nahm wie träumend den Stein in die Hände. Tarzans Gesicht war erstarrt. Das Lächeln, das kurz zuvor um seine Mundwinkel gespielt hatte, war verschwunden. Er blickte auf den Araber, und von ihm gingen seine Blicke zu dem Stein. In diesem Moment war ihm klar, daß er, noch bevor die Sonne wieder aufging, große Schwierigkeiten zu erwarten hatte.

Er hatte den Stein erkannt, den Jane fast liebkosend in den Händen hielt. Er kannte die Geschichte dieses Steines — und wußte, daß der bewußtlose Araber ein Dieb war. Ein Dieb, der nun wohl sterben mußte. Keine Macht der Welt konnte verhindern, daß dieser Mann alsbald die Reise ins Totenreich antreten mußte. Er hatte sich des Steines bemächtigt und war damit in den Urwald geflüchtet. Im selben Moment, da seine Finger das kostbare Juwel ergriffen hatten, hatte er sein eigenes Todesurteil unterzeichnet.

Jane starrte Tarzan an, und sie sah, daß unter der von der Sonne gebräunten Haut das Blut aus seinem Gesicht zu weichen schien. Es mochte lächerlich sein, sich das vorzustellen, aber in diesem Moment hätte Jane schwören können, daß Tarzan Angst hatte. Und sie hatte recht. Tarzan fürchtete sich!

„Wir müssen hier fort", sagte er kurz. „Ganz schnell weg ... bevor sie kommen!"

„Weg? Fort aus unserem Haus?" rief Boy.

Tarzan nickte. Jane sagte nichts. Sie schaute jetzt fast mit Abscheu auf den Araber, und ohne Fragen zu stellen, begriff sie, daß dieser Mann etwas mit der Gefahr zu tun hatte, die sie zu bedrohen schien.

Fragen brannten ihr auf den Lippen, doch ihre Kehle war so trocken, daß die Worte nicht aus ihrem Munde kamen. Sie hätte gern gefragt, wen Tarzan mit „sie" meinte, und wer dieser Araber

war und was er mit dem funkelnden Stein zu tun hatte, den Tarzan noch immer in der Hand hielt. Sie wollte fragen, welche Gefahr sie bedrohte.
Tarzan sagte nur:
„Dieser Stein ist ein Stein des Todes! Tarzan kennt diesen Stein ... es ist der Heilige Rubin von Rifa ... Wir müssen fliehen! Schnell!"
„Und ... er?" fragte Jane mühsam und zeigte mit dem Finger auf den Araber.
Tarzan schaute sie einen Augenblick durchdringend an und antwortete eiskalt: „Er wird sterben. Und zwar bald!"
Noch niemals hatte er eine so schnelle Bestätigung seiner prophetisch klingenden Worte erlebt. Denn im selben Moment ertönte ein scharf zischendes Pfeifen. Ein von Meisterhand geschossener Pfeil sauste durch die Türöffnung der Hütte — und bohrte sich in das Herz des Arabers.
Jane stieß einen Schrei aus und starrte entsetzt auf den nachzitternden Pfeil.
Mit einem Sprung war Tarzan aus der Hütte. Er vergaß völlig, daß er sich in diesem Augenblick einer Todesgefahr aussetzte. Seine Augen versuchten, das dichte Grün zu durchdringen. Doch um ihn war nur Stille, und es schien, als ob selbst die Tiere des Dschungels den Atem anhielten, weil sie die Gefahr fühlten.

Flucht in der Nacht

Ohne weitere Fragen zu stellen, hatte Jane, unterstützt von Boy, das wenige zusammengesucht, das sie besaß. Sie ließen den toten Araber liegen und klommen die Leiter von ihrer Wohnung im Baumwipfel hinunter.
Mühsam suchten sie ihren Weg durch die tintenschwarze Nacht. Dornige Sträucher rissen ihnen die Haut auf, aber keiner von ihnen gab einen Klagelaut von sich. Hoch über ihren Häuptern funkelten Myriaden von Sternen, und der Mond stand wie eine messerscharfe Sichel am Himmel, nicht imstande, ihren Weg zu erleuchten.
Cheetah, sonst immer weit voranhüpfend, wich nicht von Tarzans Seite, und der Urwaldmensch fühlte das haarige Fell des Schimpansen bei jedem Schritt. Jane ging dicht hinter ihnen, während Boy die Reihe beschloß. Von Zeit zu Zeit blieb Tarzan einen Augenblick stehen, um nach Geräuschen zu lauschen, die eine nahende Gefahr verrieten. Aber nicht ein Laut deutete auf die Nähe eines lauernden Feindes.
Den Rubin von Rifa trug Tarzan in einem kleinen Beutel aus Leder bei sich, der an einer Schnur von geflochtenem Leder um seinen Hals hing. Es war, als ob er durch das Leder die Glut auf seiner Brust brennen fühlte oder der unheilbringende Stein ihm ein Loch in die Haut sengte.
Jane schaute zum Himmel; die Sterne verrieten ihr, daß sie nach Norden zogen. Sie hatte Tarzan nicht gefragt, wohin sie auf dem Wege waren. Sie vertraute ihm völlig, und es war das erstemal in all den Jahren, seit sie mit ihm im Urwald lebte, daß sie Furcht bei ihm spürte.
Wer immer ihre Feinde sein mochten — es mußten gefährliche Gegner sein, wenn sie imstande waren, Tarzan Angst einzujagen, diesem riesigen Weißen, der es fertigbrachte, mit keiner anderen Waffe als einem aus Stein geschliffenen Messer ein Krokodil zu töten. Diesem Kraftmenschen, der über Tier und Mensch in diesem dunkelsten Teil Afrikas herrschte, vor dem die Löwen knieten und der Raubtiere zu seinen Freunden gemacht hatte. Jane wußte nicht, daß Tarzan vor allem Angst um Jane und Boy hatte. Keinen einzigen Augenblick fürchtete er um sein eigenes Leben.
Während sie weiter durch die Nacht gingen, dachte Tarzan an jene fernen Tage zurück, als er den Dschungel verlassen hatte und quer durch die Wüsten zur Nordküste von Afrika gewandert war, um seine Wißbegier zu befriedigen. Auf dieser Reise hatte er einige Tage bei einem wanderndem Beduinenstamm zugebracht, und bei dieser Gelegenheit hatte er zum erstenmal über den Rubin von Rifa erzählen hören. Das war nun schon

viele, viele Jahre her, aber er konnte sich noch fast wörtlich der Geschichten erinnern, die ihm der alte Stammeshäuptling erzählte.

Der alte Mann hatte ihm berichtet, daß jeder, der den Stein des Todes unrechtmäßig an sich nehme, zum Tode verurteilt sei. Tarzan hatte darauf lachend geantwortet, daß jeder Mensch einmal sterben müsse. Diese lustige Bemerkung hatte der alte Häuptling kopfschüttelnd angehört und dann erzählt, daß keiner der durch die Wüste streifenden Stämme so grausam sei wie der Stamm von Rifa und daß der Stammeshäuptling der Rifas, was Grausamkeiten beträfe, alles übertreffe. Der Stamm lebe am Rande des Urwaldes, dort, wo die Wüste beginnt, und dort stände auch der Stammesgott Rifa, dessen aus rohem Stein gehauenes abscheuliches Bildnis hoch über die Palmen rage, die dort die Wüste begrenzen.

Rifa ... der einäugige Stammesgott der Rifa!

Und dieses Auge, das alles sah, war der Stein des Todes ... der Rubin von Rifa.

Oft waren Versuche unternommen worden, das Auge des Standbildes zu rauben, doch jeder, der das gewagt hatte, hatte es mit dem Tode bezahlen müssen, und immer wieder war der riesige Edelstein an seinen Platz zurückgekehrt: in die Stirn des scheußlichen Standbildes.

In farbigen Worten hatte der Stammeshäuptling Tarzan die ekelhaften Grausamkeiten der Rifa-Anbeter geschildert, und wenn Tarzan jemals in seinem Leben einen Wunsch hätte äußern dürfen, dann sicher den, niemals in die Hände dieses grausamen Wüstenvolkes zu fallen.

Und dennoch war Tarzan jetzt freiwillig auf der Suche nach diesem Volke, denn er wußte, daß dies die einzige Chance war, sein Leben und das Leben von Jane und Boy zu retten; er wollte den gestohlenen Rubin zu dem Standbild zurückzubringen, in der Hoffnung, die Rifas zu versöhnen.

Es würde eine Reise von vielen Tagen werden, quer durch diese grüne Hölle, ehe sie die Wüste erreichten, und die Chance, daß ihnen unbekannte Feinde in den Weg treten würden, ehe sie an ihr Ziel gelangten, war groß.

Tarzans einzige Hoffnung war, daß die Rifas bereits wüßten, daß er den Stein nicht gestohlen hatte. Vielleicht ahnten sie, daß er bereits zu ihnen auf dem Wege war.

Schweigend ging er weiter. Hinter sich hörte er die leichten Schritte von Jane. Neben ihm hüpfte der Schimpanse.

Und dann blieb er plötzlich stehen, so unerwartet, daß Jane auf ihn prallte. Sie stieß einen Schreckensruf aus, und er fühlte, daß sie am ganzen Körper zitterte, als er schützend den Arm um sie legte. Er fühlte, daß Jane einen riesigen Schock erlebt hatte:

Boy war verschwunden!

Jane stieß einen Schrei aus, der ihm das Blut in den Adern erstarren ließ. Er wußte, daß keine Worte imstande waren, sie zu trösten.
Jane wußte, daß Boy sich nicht verlaufen haben konnte. Er war gewöhnt, im Urwald auch nicht einen Meter von ihrer Seite zu weichen. Und doch war er verschwunden. Das konnte nur eines bedeuten: der Feind hatte zugeschlagen.
Boy war in ihre Hände gefallen, und Tarzan begriff zu spät, daß der Feind noch gefährlicher war, als er es sich vorstellen konnte. Denn noch nie hatte ein Tier oder ein Mensch es fertiggebracht, sich ihm ungesehen und ungehört so dicht zu nähern. In heller Verzweiflung stieß Tarzan einen gellenden Kriegsruf aus, der die nächtliche Stille des Dschungels zerriß. Im Nu schien der ganze Urwald zu erwachen. Die Tiere hatten den Ruf ihres Herrn und Meisters erkannt. Und sie beantworteten seinen Ruf. Dumpf wie unterirdisches Grollen ertönte in der Ferne das Brüllen von Simba, dem Löwen.
Da war das Trompeten der Elefanten, das aufgeregte Gekreisch und Geschrei der Affen und das Zischen der Schlangen. Aus den Bäumen flogen die Vögel auf, und ihre Flügel verdüsterten das bleiche Licht der Sterne. Und all dieser Lärm verwandelte den Urwald in den Spukwald eines bösen Traumes.

Cheetah sprang an Tarzan hoch und klammerte sich ängstlich an ihm fest. Tarzan blickte auf Jane. Sie hatte sich von ihrem Schock etwas erholt und stand unbewegt wie eine Statue neben ihm. Er konnte ihre Umrisse in der Dunkelheit kaum unterscheiden, spürte aber die Angst, die sie ausstrahlte, beinahe körperlich. Die Angst, die ihn noch bis vor wenigen Minuten gepeinigt hatte, war plötzlich verschwunden; sie war einer fürchterlichen Wut gewichen, einer Wut, die sich nicht auf seinem Gesicht abzeichnete, aber die ihn ganz erfüllte.

Wenn sie Boy, der jetzt ihr Gefangener war, töteten — dann würde er sie alle umbringen und das Standbild ihres Gottes zerstören, niederbrechen bis auf den Grund.

Ja, er würde den Kampf mit ihnen aufnehmen — allein! Denn Jane konnte nicht länger bei ihm bleiben, er mußte sie zurücklassen. Lieber sollte sie hier in der Einsamkeit verhungern, als in die Hände dieser Ungeheuer geraten. Er zog sie an sich und sagte es ihr. Sie gab ihm keine Antwort. Es war ihr gleichgültig, daß er sie zurückließ. Alles Gefühl in ihr war erstorben. Sie wollte jetzt allein sein, allein mit ihrem Kummer. Sie konnte nicht einmal weinen.

„Tarzan geht jetzt", sagte der Urwaldmensch. „Jane bleibt hier." Sie nickte stumm. Tarzan zog Cheetah an sich und sagte: „Paß auf Jane auf!" Sie nahm den Schimpansen in ihre Arme und streichelte ihn, als sei es ihr Kind, das sie verloren hatte.

Tarzan legte die Hände an den Mund, und ließ dreimal hintereinander seinen Kriegsruf durch den Dschungel schallen. Nach wenigen Minuten raschelte es im Gebüsch. Zwei riesige Löwen kamen zum Vorschein und ihr Atem streifte Tarzans Beine.

Er beugte sich zu ihnen und streichelte ihre Mähnen. Er sprach lange mit den Löwen, und sie lauschten ihm, wie wenn er einer der ihren wäre. Zwar sprach er nicht ihre Sprache, aber er bediente sich der Sprache, die ihn seine Erzieher, die Affen, gelehrt hatten.

Sie begriffen, was ihr Herr von ihnen verlangte, und stellten sich neben Jane. Sie würden keine Minute von ihrer Seite weichen und bei ihr bleiben, bis Tarzan, wenn auch erst nach vielen Tagen, zurückkehrte.

„Jane", sagte er leise — und er konnte nicht verhindern, daß seine Stimme bebte —. „Jane, Tarzan kommt zurück!" Selbst in der Dunkelheit sah er ihre Augen schimmern, als sie ihn anblickte. „Tarzan bringt Boy zurück", sagte er. Sie schüttelte den Kopf. Nie zuvor hatte sie ihr Vertrauen zu Tarzan verloren, aber in dieser entsetzlichen Nacht konnte sie an nichts mehr glauben. Sie starrte ihn an, als ob er ein Fremder wäre, und sie rührte sich selbst dann nicht, als er sich umdrehte und sie verließ.

Sie zweifelte, daß er jemals zurückkäme.

Am Rande der Wüste

Es war drei Tage her, daß Tarzan von Jane Abschied genommen hatte. Die Sonne ging strahlend auf. Tarzan hatte sich nur ab und zu etwas Ruhe gegönnt, um einige Früchte zu essen, die seinen Durst löschten und den ärgsten Hunger stillten.
Er bediente sich jetzt, wie immer, wenn er allein unterwegs war, der Methode, die ihn die Affen gelehrt hatten: er schwang sich an den Lianen von Baum zu Baum und kam so sehr viel schneller vorwärts, als wenn er die Strecke zu Fuß gegangen wäre.
Er wunderte sich, daß er selbst am Tage keine Spur von Boys Entführer entdecken konnte. Dieser Feind, der noch unbekannt war, schien weniger Spuren zu hinterlassen als ein Schmetterling, der sich auf einer Blume niederläßt.
Immer weniger Farnkräuter und Büsche versperrten ihm den Weg. Die letzten Kilometer war er zu Fuß gegangen, denn es gab hier keine Bäume mehr. Er war jetzt in Gefahr, entdeckt zu werden.
Es ging auf Mittag zu, die Sonne stand fast senkrecht über ihm, als er die Wüste erreichte. Er hoffte, dort herauszukommen, wo der Stamm der Rifas sich aufhielt.
Endlos erstreckte sich die Sandwüste vor seinen Augen. Jetzt, da er den Urwald, die ihm vertraute Umgebung, hinter sich gelassen hatte, fühlte er sich plötzlich klein und unbedeutend.
Im Dschungel war er König.
Hier stand er klein und einsam unter dem unendlichen Himmel, die Sonne glühte auf ihn herab, und er fühlte sich so hilflos, daß

er sich verzweifelt fragte, ob er sein Ziel wohl jemals erreichen würde.

Unwillkürlich legte er seine Hand auf den Lederbeutel, der an seinem Halse hing. Der Rubin schien ihm die Fingerspitzen zu versengen. Plötzlich wußte Tarzan, daß er keine Wahl hatte: er mußte warten.

Er konnte sich die Mühe sparen, den Feind zu suchen. Er konnte ganz sicher sein, daß der Feind ihn suchen würde, denn er besaß den kostbaren Stein.

Er drehte sich um und ging in den Urwald zurück, bis er an eine Stelle kam, wo Früchte wuchsen und wo er Schutz vor der Sonne hatte. Nachdem er seinen Hunger gestillt hatte, setzte er sich auf den Boden und lehnte den Rücken gegen einen Baum. Der Kopf sank ihm auf die Brust, und völlig erschöpft fiel er in einen tiefen Schlaf.

Als er wieder wach wurde, wußte er im ersten Moment nicht, wo er sich befand. Er zitterte vor Kälte, denn hier war die Nacht viel kühler als in seiner gewohnten Umgebung, dem Dschungel.

Das Licht der wachsenden Mondsichel warf lange Schatten auf den Boden. Nicht weit von ihm begann die Einsamkeit der Wüste. Kein Tier ließ sich hören, kein Vogelschrei störte die Stille der Nacht.

Und doch wußte Tarzan, daß er nicht mehr allein war. Daß aus der Dunkelheit Augen auf ihn gerichtet waren. Zwar sah er noch nichts, und seine Ohren fingen nicht das geringste Geräusch auf — und doch fühlte er, daß rings um ihn etwas vorging, daß ihm Gefahr drohte.

Obwohl er instinktiv fühlte, daß alle seine Bewegungen beobachtet wurden, griff er nach dem Lederbeutel mit dem Stein. Er trug ihn noch bei sich. Ein Schauer ging durch seinen Körper, doch schwand ein Teil seiner Angst. Er spürte deutlich, daß sein Feind in der Nähe war. Mühelos hätte er ihn im Schlaf überwältigen und töten können, aber er lebte noch. Warum?

Warum hatte man ihn nicht getötet? Aus menschlichen Erwägungen oder ... Er schüttelte den Kopf. Bestimmt nicht aus Mitleid. Eher glaubte er, daß die Rifas etwas anderes mit ihm vorhatten. Vielleicht wollten sie ihm einen Tod bereiten, der ihnen mehr Vergnügen machte.

Langsam stand er auf, jeden Augenblick einen Überfall befürchtend. Doch es geschah nichts. Es blieb still. Und gerade diese Stille war es, die an seinen Nerven zu zerren begann. Trotz der Kälte traten Schweißtropfen auf seine Stirn.

Lieber einen Kampf mit zwanzig Feinden aufnehmen, als auf den Moment zu warten, wo der Gegner zuschlägt.

Dennoch kam der Moment unerwartet!

Ein hohes pfeifendes Geräusch ertönte. Tarzan duckte sich. Aber das Seil war schneller. Das Warten war vorbei!

Gefangener der Rifas

Als Tarzan aus einem tiefen Schlaf erwachte, fühlte er sich einen Moment sehr wohl. Er schloß die Augen wieder, um das wohlige Gefühl auszukosten.
Leider hielt dieses Gefühl nicht an, denn Tarzan spürte, als er sich bewegte, daß er an Händen und Füßen gefesselt war. Er spürte, daß die Stricke wie Messer in sein Fleisch schnitten, wenn er sich auch nur im geringsten rührte.
Vorsichtig schlug er die Augen auf. Er blickte hoch — und hatte im selben Moment das Gefühl, sein Herz bliebe stehen. Er lag auf dem Rücken auf einem weichen Lager, das war sehr angenehm. Unangenehm war aber, daß genau über seiner Kehle an einem dünnen Draht ein messerscharf geschliffenes Schwert hing.
Es gehörte nur wenig dazu, diesen Draht zu durchschneiden — und schon würde das Schwert wie das Messer einer Guillotine herabsausen und seinen Kopf vom Rumpfe trennen, ohne daß er davon viel spüren würde. Vorsichtig wandte er die Augen beiseite, um das abscheuliche Schwert nicht mehr zu sehen.
Er befand sich in einem ziemlich großen Zelt aus grobem, braun und gelb gestreiftem Tuch, dessen Vorhang halb aufgeschlagen war. Ein handgeknüpfter Teppich bedeckte den Boden, und überall in der Runde lagen Kissen in bunten Farben. Durch die Zeltöffnung sah er den gelbgrauen Sand der Wüste und hörte in der Ferne Stimmengewirr.
Er hörte noch etwas anderes.
Ein seltsames leises Zischen, das er sich erst nicht erklären konnte.
Aber es wurde ihm schnell klar:
Aus einem aus grobem Schilf geflochtenen Korb ragte der sich sacht hin und her wiegende Kopf einer Brillenschlange. Es schien, als ob die gelbgrünen Augen des Tieres ihn zu hypnotisieren versuchten. Aber Tarzan schlug seine Augen vor der Schlange nicht nieder.
War er nicht der Herrscher über alle Tiere?
Hatte er die Schlangen nicht seinem Willen unterworfen, wie er auch die Löwen, die Affen, die Elefanten und alle anderen Tiere des Dschungels seinem eisernen Willen unterworfen hatte?
Er richtete seinen bezwingenden Blick auf die Giftschlange, und das Zischen wurde schärfer. Die gespaltene Zunge zuckte nach außen, und das sanfte Wiegen ging in ein wildes Pendeln über. Minutenlang kreuzten sich die Blicke des Mannes und des Reptils — und es war Tarzan, der siegte. Die Kobra hatte ihren Bezwinger erkannt, und langsam, wenn auch widerstrebend, glitt sie in ihren Korb zurück.

Tarzans Atem ging keuchend und mühevoll. Er wußte, daß sein Leben einige Minuten lang an einem seidenen Faden gehangen hatte. Das Schwert über seinem Kopf war ein harmloser Scherz, verglichen mit dem Biß der Kobra. Er fühlte sich nicht länger mutlos, nachdem er die erste Gefahr bezwungen hatte.

Plötzlich wurde ihm klar, daß der kleine Beutel, den er am Hals getragen hatte, verschwunden war. Er dachte an Jane, die er einsam in der Hut der beiden Löwen zurückgelassen hatte. Er dachte auch an Boy, der hier irgendwo in der Nähe sein mußte. Eine innere Stimme sagte ihm, daß Boy noch lebte. Wenn sie Boy getötet hätten — er hätte es gespürt. Sein Blick wurde jetzt wieder von dem unbewegt hängenden Schwert angezogen. Wer seine Feinde auch sein mochten, sie waren fest entschlossen, ihn zu vernichten.

Er schloß seine Augen und dachte nach. Es war sehr warm im Zelt, und er döste wieder ein. Als sich Schritte näherten, schreckte er auf. Er öffnete die Augen — und bekam einen unheimlichen Schreck. Ein uraltes Weib stand über ihn gebeugt; selten war Tarzan einem menschlichen Wesen begegnet, das derart abscheuerweckend war wie dieses.

Das alte Weib griff nach dem Korb mit der Kobra und verließ schlurfend das Zelt. Tarzan atmete erleichtert auf. Gelassen wartete er auf die kommenden Dinge.

Er brauchte nicht lange zu warten. Nach höchstens fünf Minuten hörte er vor dem Zelt murmelnde Stimmen, dann traten zwei Männer durch den offenen Vorhang herein. Sie waren in lange weiße Kutten aus grobem Wollstoff gekleidet, wie der im Dschungel getötete Araber eine getragen hatte. Ihre Haare und Bärte waren pechschwarz und auf seltsame Art zu dünnen Strähnen geflochten. Um die Hüften trugen sie breite Riemen, die ihre Kutten zusammenhielten; an diesem Riemen trug jeder der beiden ein Krummschwert von der Art, wie es an einem Draht über Tarzans Kehle hing.

Die beiden Männer glichen einander sehr wenig. Der eine war lang und spindeldürr, glich eher einem wandelndem Skelett. Aber die tief in den Höhlen liegenden kohlschwarzen Augen in dem dunklen Gesicht funkelten und glänzten wie die Augen eines jungen Mannes. Der zweite Mann hingegen war klein und kugelrund. Er hatte einen enormen Kopf, und unter den schwarzen Haarsträhnen, die in Fransen von seinem Kinn hingen, prangten noch mindestens drei Unterkinne.

Sie traten auf Tarzan zu und betrachteten ihn aufmerksam mit dem Ernst von Museumsbesuchern, die einen besonders merkwürdigen Fund studieren. Dann sahen sie einander an und lächelten zufrieden. Der Dicke blickte auf das baumelnde Schwert und gab ihm einen Stoß, worauf es an dem dünnen Draht zu pendeln begann. Tarzan kniff die Augen zusammen.

Als Tarzan die Augen wieder öffnete, war das Schwert fast wieder zur Ruhe gekommen, und er atmete erleichtert auf. Ohne ihn noch eines Blickes zu würdigen, verließen die beiden Männer das Zelt, und er war wieder mit seinen Gedanken allein.
Stunden vergingen, ohne daß sich etwas Besonderes ereignete. Ab und zu sah er, daß jemand vor dem Zelt vorbeiging, aber niemand kam herein, um ihm etwas zu essen oder einen Schluck zu trinken zu bringen. Der Hunger begann ihn jetzt zu quälen, aber schlimmer noch plagte ihn der Durst und die fast unerträgliche Hitze im Zelt.
Er dachte an Boy, der jetzt vielleicht in einem anderen Zelt lag und wie er an Hunger und Durst litt. Und plötzlich bemächtigte sich seiner eine heftige Wut. Er zerrte an den Stricken, die ihn gefesselt hielten. Die Muskeln an seinen Armen schwollen zu dicken Bündeln an, und seine Lungen preßten sich gegeneinander. Ein roter Nebel zog wie ein Schleier vor seine Augen, und er fühlte das Blut in die Pulse strömen. Und dann auf einmal rissen die Schnüre, die seine Hände gefesselt hatten. Außer Atem blieb er liegen, bewegungslos und völlig erschöpft. Langsam kehrten seine Kräfte zurück. Der rote Nebel vor den Augen wich, und er konnte nun auch wieder ruhig atmen. Er richtete sich halb auf und lauschte mit geschärftem Ohr. Aber er vernahm

keinen einzigen Laut, und nichts deutete darauf hin, daß sich im Augenblick Menschen in unmittelbarer Nähe befanden. Er kam noch weiter hoch und begann mit schnellen Bewegungen die Stricke zu lösen, die um seine Fußgelenke gewunden waren. Er war fast fertig damit, als er Schritte vernahm.
Schnell legte er sich wieder hin. Die Stricke hingen lose um seine Knöchel. Er verbarg die Hände auf dem Rücken und schloß die Augen. Er hörte jemand in das Zelt kommen und an sein Lager treten. Jemand beugte sich über ihn. Als er die Augen öffnete, sah er, daß es der Dicke war, der ihn anstarrte. Der Mann hielt das Schwert, das vorher an seiner Hüfte gebaumelt hatte, in den Händen, und seine Wurstfinger glitten wie liebkosend über die Schneide der haarscharf geschliffenen Klinge.
Er lächelte grausam, als er die Angst in Tarzans Augen sah.
Tarzan wußte, daß dieser Mann ihn haßte. Er spürte auch, daß der Mann selber voller Angst war, denn immer wieder blickte er scheu um sich, als ob er fürchte, daß ihn hier jemand ertappen könnte. Offenbar war der Mann gekommen, um sich persönlich an Tarzan zu rächen, und nahm damit die Entschlüsse seines Stammeshäuptling vorweg. Vielleicht haßte ihn der Mann, weil er ein Weißer war, den er als Eindringling in diesem Land empfand. Vielleicht auch tötete er aus reiner Wollust — doch sicher war, daß er die Gesetze seines Stammes übertrat.

Tarzan kannte keinen einzigen Stamm in Afrika, in dem ein einzelner das Recht hatte, eigenmächtig ein Urteil zu vollstrecken, das nicht durch den Stammeshäuptling oder einen Rat der Weisen ausgesprochen war.
Doch was auch immer die Gründe für den Haß dieses Mannes sein mochten — Tarzan begriff, daß sein Leben in diesem Augenblick an einem seidenen Faden hing. Denn das Schwert, das der Mann in seinen Händen hielt, war noch weit gefährlicher als das Schwert, das über Tarzans Kopf baumelte. Viel Zeit zum Nachdenken blieb ihm nicht mehr.
Schon hob der Dicke das Schwert hoch . . .
In diesem Moment, als das Schwert schon herabsauste, ließ sich Tarzan blitzschnell zur Seite fallen und rollte vom Lager auf den Boden. Der Dicke verlor sein Gleichgewicht und taumelte vornüber, einen Schrei maßloser Verblüffung ausstoßend. Das Schwert war tief in die Kissen eingedrungen.
Ehe der Mann begriff, was los war, hatte Tarzan das heruntergefallene Schwert ergriffen. Er sprang mit einem Satz zurück und schwang das Schwert über den Kopf. Es traf den Draht, an dem das andere Schwert baumelte.
Es sauste senkrecht herunter!
Das alles ging so schnell, daß der Dicke nicht wußte, was ihm geschah, als die tödliche Waffe herabkam. Tarzan wandte den Blick von dem entsetzlichem Schauspiel ab und rannte mit der Waffe in der Hand nach draußen.
Er war frei!
Frei . . . ?

*

Das Zelt, dem er entwichen war, stand inmitten vieler anderer Zelte. In heller Panik blickte er um sich, die Augen halb zugekniffen, weil die Sonne ihn blendete. Einige in weiße Kittel gehüllte Kinder, die vor den Zelten spielten, bemerkten ihn und begannen zu schreien.
Aus einem genau gegenüberliegenden Zelt kam das abscheuliche alte Weib zum Vorschein, das ihn vor einigen Stunden mit einem Besuch beehrt hatte. Und es geschah, was er nicht vermutet hatte: sie lief erstaunlicherweise sehr schnell!
Aber Tarzan war schneller!
Er hatte Glück; es waren fast keine Männer in dem Zeltlager. Wahrscheinlich waren der Dicke, der nun tot war, und sein spindeldürrer Freund als einzige Männer zurückgeblieben. Während die Frauen und Kinder jetzt von allen Seiten schreiend angerannt kamen, machte er sich auf die Beine. Mit einem Riesensprung nahm er ein Hindernis und sprang über ein verträumt am Boden vor sich hindösendes Kamel. Er rannte auf eine mehrere hundert Meter entfernte Baumreihe zu; dort begann der Urwald,

den er erreichen mußte. Ein Stein traf ihn hart am Nacken. Er rannte weiter. Es war, als hätten seine Füße Flügel. Er gönnte sich keine Zeit, zurückzublicken. Der Urwald war sein Ziel! Dort würde er sich wieder auf vertrautem Terrain befinden, und es würde schwieriger sein, ihn wieder einzufangen.

Er näherte sich den Bäumen. Etwa fünfzig Meter mußte er noch zurücklegen. Da hörte er ein ihm nur allzu bekanntes hohes und sausendes Geräusch — und in vollem Lauf tat er einen riesigen Sprung beiseite. Er rollte über den Boden, schlug mit dem Kopf hart gegen einen Stein, und es wurde ihm schwarz vor den Augen. Die schwirrende Fangleine hatte ihn um ein Haar verfehlt.

Taumelnd rappelte er sich hoch und rannte weiter. Die aufpeitschenden Schreie hinter ihm erklangen beängstigend nahe. Nach zwanzig Meter ... noch zehn!

Er hatte den Urwald erreicht. Mit großen Sprüngen durchquerte er den Waldrand. Peitschende Zweige schlugen in sein Gesicht, er achtete nicht darauf.

Weiter mußte er ... weiter! Weg von hier!

Er mochte eine halbe Stunde dahingestürmt sein, als er merkte, daß die Schreie hinter ihm verstummt waren. Nun gönnte er sich endlich Ruhe, blieb keuchend und nach Luft ringend stehen. Er war so tief in den Urwald eingedrungen, daß er die hinter ihm liegende Wüste nicht mehr sah, und seine Verfolger hatten die Jagd aufgegeben.

Tarzan ließ sich auf den Boden fallen, und eine halbe Stunde lang blieb er wie tot liegen, ehe er sich kräftig genug fühlte, aufzustehen. Als erstes suchte er einige Früchte, und nachdem er den ärgsten Hunger und Durst gestillt hatte, fühlte er sich etwas wohler.

Er dachte nach. Er dachte an Jane und hoffte, sie werde Geduld und Mut genug besitzen, auf seine Rückkehr zu warten und keine Dummheiten zu machen. Seine Gedanken richteten sich auf Boy, der sich noch im Zeltlager befinden mußte. Er wagte nicht daran zu denken, daß die Wüstenbewohner den Tod des Dicken an dem Jungen rächen könnten.

Auf jeden Fall wußte er jetzt, wo sich das Lager befand und wie es dort aussah. Er mußte schnell handeln. Zweifellos kehrten die Männer gegen Abend von ihrem Streifzug durch die Wüste zurück, und dann würden sie die Jagd auf ihn beginnen.

Auf der anderen Seite war es unmöglich, sich dem Lager am hellichten Tage zu nähern; es wäre glatter Selbstmord. Es blieb ihm nichts anderes übrig, als zu warten, bis die Sonne untergegangen war.

Dann wollte er versuchen, erneut in das Lager einzudringen und Boy zu befreien. Er hoffte von ganzem Herzen, daß er nicht zu spät käme und daß er seinen Sohn noch lebend anträfe.

Tarzan wartete noch etwa eine Stunde, ehe er sich aus dem Dschungel wagte. Noch immer war er mit dem Schwert bewaffnet, das er dem Dicken abgenommen hatte, und er würde nicht zögern, Gebrauch davon zu machen.

Endlich dachte er, sicher genug zu sein, und ohne das leiseste Geräusch zu verursachen, lief er durch die Bäume auf den Rand der Wüste zu. Dort blieb er stehen. Im Zeltlager glühte ein Lagerfeuer, und der scharfe Geruch des Rauches drang zu ihm herüber.

Er begann zu laufen. Nachdem er etwa hundert Meter zurückgelegt hatte, ließ er sich in den Sand fallen und begann zu kriechen. Er wollte keinerlei Risiko auf sich nehmen, obwohl die Möglichkeit, daß sich seine Silhouette gegen den dunklen Hintergrund des Dschungels abzeichnen könnte, äußerst gering war. Aber die Rifas rechneten ohne jeden Zweifel mit seiner Rückkehr, und er konnte sicher sein, daß rund um das Zeltlager eine Kette von Wachtposten aufgezogen war. Seine Finger umklammerten den Griff des Schwertes. Er war für diese Erbschaft des Dicken äußerst dankbar. Das Schwert konnte ihm bestimmt gute Dienste erweisen. Er kroch weiter, bis er den Zelten so nahe gekommen war, daß er das Knistern des Feuers hören konnte. Plötzlich blieb er totenstill liegen und hielt den Atem an.

Von den Zelten her kam ein Mann langsam auf ihn zugeschlendert. Er trug ein Gewehr lässig wie einen Spaten über der Schulter. Tarzan sah einen rotglühenden Punkt etwa in der Höhe, wo sich der Kopf des Mannes befinden mußte. Es war ein prächtiger Zielpunkt, dieses glühende Zigarrenende. Wenn Tarzan in diesem Moment ein Stein zur Verfügung gestanden hätte, hätte er den Mann mit einem wohlgezielten Wurf außer Gefecht gesetzt. Aber Tarzan hatte keinen Stein, und er drückte sich so eng wie möglich an den Boden. Der Mann stand jetzt so nahe bei ihm, daß er beinahe auf ihn trat.
Er nahm den glühenden Stummel aus dem Mund und ließ ihn fallen. Und Tarzan vergaß alle Vorsicht und gab einen Schreckschrei von sich, als er das Feuer zwischen seinen Schulterblättern fühlte. Welcher der beiden Gegner am meisten erschrocken war, blieb unentschieden. Stocksteif vor Schreck und Verwirrung stand die Schildwache sekundenlang unbewegt wie eine Säule. Und in einer Sekunde war Tarzan auf den Füßen und richtete die Spitze des Schwertes auf den Adamsapfel des Wüstenbewohners.
Einen Augenblick erwog Tarzan, das Schwert durch die Kehle des Mannes zu stoßen, aber verwarf es als unmenschlich. Stattdessen ballte er seine freie Hand zur Faust und schlug wie ein Hammer zu. Der Araber fiel wie ein Sack zu Tarzans Füßen nieder, ohne noch einen Laut von sich zu geben.

In der Mitte des Lagers stand Boy an einen Pfahl gebunden. Fünf Meter von ihm entfernt schwelte ein Lagerfeuer, und die rötliche Glut beschien das von tausend Runzeln durchfurchte Gesicht der Alten, die Tarzan schon kannte. Sie hockte im Sand, und Boy blickte voller Abscheu auf sie. Eine riesige Schlange hing wie eine Stola um ihren Hals, und sie streichelte das Reptil, als ob es ein allerliebstes Haustier wäre.
Boy fühlte sich unbehaglich, doch wirkliche Angst lag ihm fern. Er hatte felsenfestes Vertrauen zu Tarzan und wußte, daß sein Vater kommen und ihn befreien würde.
Er wußte auch, warum ihn die Rifas, als es Abend geworden war, aus dem Zelt geschleppt und hier weithin sichtbar an den Pfahl gebunden hatten. Er stand hier als Lockvogel.
Sie wollten Tarzan zwingen, bis in das Lager vorzudringen, um seinen Sohn zu befreien. Und sobald er das wagte, würde sich der Ring um ihn schließen, und sie würden ihn greifen und töten. Denn seine Finger hatten den Stein des Todes berührt, und das Gesetz des Stammes forderte, daß er dafür mit dem Leben zu büßen hatte. Vater und Sohn sollten auf dem Altar des Stammesgottes geopfert werden.

Tarzan war ihnen kein Unbekannter. Sie wußten, daß seine Macht groß war, und daß selbst der Löwe das Haupt vor ihm beugte. Sie wußten, daß er zu vielem imstande war. Das hatte er schon damit bewiesen, daß er El-Khalaam tötete.
Gewiß, es war gut gewesen, daß er El-Khalaam tötete. Denn El-Khalaam hatte die Gesetze des Stammes übertreten, und schon darum hatte er den Tod verdient.
Darüber hinaus war El-Khalaam dafür verantwortlich, daß es einem der ihren gelungen war, das Auge von Rifa zu stehlen; denn er hatte neben dem kolossalen steinernen Standbild Wache gehalten in der Nacht, als der Stein auf geheimnisvolle Weise verschwand, und der Stammeshäuptling hatte ihn im Verdacht, mit dem Dieb unter einer Decke zu stecken.
Es war nur ein Mann im Lager, den der Tod des dicken El-Khalaam tief getroffen hatte. Und das war der spindeldürre Amma-Oelah, der Busenfreund des Dicken. Und nicht allein der Busenfreund, auch der Handlanger. Und darum war Amma-Oelah bange, daß er El-Khalaam binnen kurzem wieder begegnen werde, und zwar im Jenseits. Denn in den letzten Tagen hatte der Stammeshäuptling Amma-Oelah in einer Art angesehen, die sehr unangenehm war.

In Amma-Oelahs Schädel wurde denn auch an neuen bösen Plänen gebastelt. Vor allem trug sich Amma-Oelah mit dem Gedanken, ob er sich nicht auf Tarzans Seite schlagen sollte ...
Boy starrte in die Glut des Lagerfeuers. Und vom Feuer glitt sein Blick auf das alte Weib, das noch immer ihr Hätscheltier streichelte. Er wandte sich ab und schaute in die Richtung des Urwaldes. Und plötzlich begann sein Herz vor reiner Freude und großer Erregung so laut zu klopfen, daß er Angst bekam, die Alte könnte es hören.
Er konnte sich nicht geirrt haben!
Zwischen den Zelten hatte er für den Bruchteil einer Sekunde eine schleichende Gestalt wahrgenommen — und er war sicher, daß er Tarzan erkannt hatte.
Doch sofort schlug seine Freude in Angst um. Denn wie sollte sich Tarzan ihm nähern können, ohne getötet zu werden?

Tarzan bekommt einen Bundesgenossen

Das fragte sich Tarzan im selben Moment auch.
Was hatte er schon für eine Chance, sich Boy in der Höhle des Löwen zu nähern, ohne dabei dem Löwen in die Klauen zu fallen und getötet zu werden? Es befanden sich roh geschätzt etwa vierzig Männer im Lager. Sie hockten um das Feuer und sprachen gedämpft miteinander. Das Stimmengemurmel klang wie das Rauschen eines Bergflusses. Zwar schienen sie im Augenblick nicht besonders wachsam zu sein, doch Tarzan täuschte sich nicht: er brauchte nur einen Fuß in den Kreis der Zelte zu setzen, und vierzig Schwerter wären gleichzeitig bereit, ihn zu durchbohren.
Das war eine wenig verlockende Aussicht, und Tarzan hatte kein Verlangen, auf diese Weise seinem Leben ein Ende gemacht zu sehen.
Es reute ihn jetzt, daß er Simba, den Löwen, nicht mitgenommen hatte. Der Löwe würde sofort Schrecken und Entsetzen im Lager verbreitet haben, denn selbst die tapferen und bis an die Zähne bewaffneten Wüstenbewohner hätten das Hasenpanier ergriffen, sobald sie die brüllende Stimme von Simba erkannten. Und dann wäre es ein leichtes gewesen, Boy zu befreien.

Aber das war alles müßig. Simba war weit weg, und Tarzan mußte allein fertigwerden. Er schaute zwischen den Umrissen der Zelte auf Boy – und in diesem Augenblick wußte er, daß sich ihre Blicke für den Bruchteil einer Sekunde gekreuzt hatten. Er sah die plötzlich auflebende Freude im Gesicht des Jungen. Und er fühlte sich stolz und glücklich.
Aber so gut, wie ihn die scharfen Augen von Boy bemerkt hatten, so leicht konnte ihn auch ein aufmerksamer Rifa erspähen, und vorsichtig trat Tarzan in den schirmenden Schatten zurück.
In diesem Augenblick dachte er, sein Herz bliebe stehen.
Denn jemand tippte ihm auf die Schulter, und noch einmal erstarrte er vor Schreck. Dann erholte er sich von dem Schock und wandte sich um.
Wieder mußte er seine Überraschung bezwingen: vor ihm stand ein alter Bekannter. Es war kein anderer als der Busenfreund des inzwischen verschiedenen Dicken, und Tarzan zweifelte nicht daran, daß der Dünne aufgetaucht war, um den Tod seines Kumpans zu rächen. Jeden Augenblick erwartete er denn auch, ein Messer zwischen den Rippen zu spüren. Doch seltsam genug blinzelte ihm der Kerl, der vor ihm stand, vertraulich zu. Tarzan staunte, ohne es zu begreifen.
Amma-Oelah legte einen dünnen Finger auf seine blutlosen Lippen zum Zeichen, daß Tarzan schweigen sollte. Das war allerdings völlig unnötig, denn Tarzan war sprachlos.
Amma-Oelah anscheinend auch – vorläufig wenigstens. Der in eine lange weiße Kutte gehüllte Mann winkte Tarzan, ihm zu folgen, und schweigend entfernten sie sich, bis sie einen sicheren Abstand vom Lager gewonnen hatten.
Dort blieb Amma-Oelah stehen und begann zu sprechen. Und zu Tarzans Verblüffung sprach er ein ebenso fließendes Englisch wie Jane.
„Wir", sprach Amma-Oelah, „müssen Freunde sein!"
Mit schief gehaltenem Kopf blickte er Tarzan durchdringend an und fragte sich wohl, ob dieser verwilderte, aus dem Urwald zum Vorschein gekommene Mensch imstande sei, auch nur ein Wort von dem zu verstehen, was er sagte. Und Amma-Oelah begann mit den Ohren zu schlackern, als er in fast ebenso fehlerfreiem Englisch Antwort erhielt.
„Wir sind Freunde", sagte Tarzan und tippte Amma-Oelah so fest auf die Brust, daß der dünne Mann die größte Mühe hatte, sich auf den Beinen zu halten. Darauf nahm Amma-Oelah erneut das Wort, bis er nach etwa einer Viertelstunde, völlig außer Atem, schwieg und sich in den Sand setzen mußte, um wieder zu sich zu kommen. Aber jetzt wußte Tarzan auch haargenau, was Amma-Oelah verlangte und welche Gegenleistung er dafür anbot.
Es lief darauf hinaus, daß er seinen Kopf retten wollte. Und er

wollte Tarzan einen guten Tip geben, wie er Boy aus den Händen der Rifas befreien könnte. Das war ein prächtiger Vorschlag, gewiß. Aber als kleine Zugabe verlangte Amma-Oelah, daß Tarzan auch noch den Stein des Todes stehle, damit Amma-Oelah für den Rest seines Lebens vor Sorgen geschützt sei.

Das war etwas, wofür Tarzan wenig übrig hatte, und er sagte es seinem neuen Bundesgenossen auch. Nach vielem Hin und Her und heftigem Sträuben seitens Amma-Oelahs wurden sie sich schließlich einig, und Tarzan wußte, was er zu tun hatte.

Vor dem kolossalen Standbild des Stammesgottes Rifa, das so hoch war, daß sich sein Kopf im Schwarz der Nacht verlor, standen vier Männer auf Wache. Sie hielten ihre Gewehre mit den langen Läufen bei Fuß, und wie sie da zwischen den aus Stein gehauenen Zehen des Kolosses standen, wirkten sie so winzig wie Ameisen.

Dabei waren sie keineswegs winzig; denn der kleinste von ihnen war fast zwei Meter groß.

Die endlose Reihe von Palmen entlangschleichend, die die Grenze des Urwaldes bildete, näherten sich Tarzan und sein neuer Freund Amma-Oelah den vier Wachtposten. Sie wagten kaum zu atmen, aus Angst, vorzeitig bemerkt zu werden. Als sie sich den vier Männern bis auf dreißig Meter genähert hatten, blieben sie stehen. Amma-Oelah drehte sich um und legte seinen knochigen

Finger an den Mund. Völlig überflüssig, denn Tarzan hatte nicht das geringste Bedürfnis nach einem Gespräch. Er blieb bewegungslos stehen und blickte Amma-Oelah nach, der geräuschlos wie ein Schatten auf die Wache stehenden Männer zuging.
Besorgt fragte sich Tarzan, wie denn wohl dieser dünne Kerl imstande sein wollte, mit vier Kerlen abzurechnen, die ihn mit Kopf und Schultern weit überragten.

Der Zorn von Rifa

Amma-Oelah trat aus der Dunkelheit wie ein Schauspieler aus der Kulisse, und sein plötzliches Erscheinen ließ die vier auf Wache stehenden Männer erschrocken zusammenfahren. Zwar war Amma-Oelah beim Stammeshäuptling schlecht angeschrieben wegen seiner verdächtigen Freundschaft mit dem Dicken, galt aber offensichtlich noch als Respektsperson. Denn das Quartett beugte tief den Kopf vor ihm und murmelte ehrerbietige Worte der Begrüßung.
Und während die vier tief das Haupt beugten und ihre Zehen anstarrten, schaute Amma-Oelah so weit wie möglich nach oben, und seine begierig flackernden Augen versuchten etwas von dem Glanz des Todessteines in der Höhe zu erhaschen.
Dann blickte er wieder geradeaus, und die vier Männer schwiegen und schauten einander befremdet an. Sie waren nicht gewöhnt, daß sich Amma-Oelah um die Bewachung des Standbildes kümmerte. Darum nahm in einem gegebenen Augenblick der größte der Männer das Wort und fragte untertänig, aber mit Nachdruck: „Was, o großer Amma-Oelah, führt dich zu uns?"
Amma-Oelah zupfte nachdenklich an dem zu fetten Strähnen geflochtenen Spitzbart und sagte würdig: „Ich bin beauftragt, werter Ibn Rama, durch unseren Stammeshäuptling, den großen und weisen Saoed Sabi! Und er sandte mich hierher, mein bester Ibn, um zu sehen, ob keine Gefahr droht! Denn du weißt, Sohn der Sahara, unsere Feinde umgeben uns, und die Gefahr beschleicht uns von allen Seiten!"
Ibn Rama setzte sein Gewehr beiseite, um in Ehrerbietung die Hände kreuzen zu können, und antwortete: „Die Worte von Amma-Oelah zeugen von großer Weisheit, aber hier droht keine Gefahr, das schwöre ich bei den Höckern meines Kamels!"
„Keine Gefahr", bestätigte Nummer zwei — sein Name war Khamma What.
„So ist es, keine einzige Gefahr", echote Nummer drei, genannt Hassie-Bas.

„Alles ist in Ordnung", gab Nummer vier sein Scherflein bei. Sein Name war Ra Mama, was soviel wie Muttersöhnchen bedeutet.
Und keiner der vier wußte, wie sehr sie sich irrten.
Denn die Gefahr stand unmittelbar vor ihnen und hieß Amma-Oelah.
„Schweigt", donnerte Amma-Oelah und erschrak beinahe vor sich selber. Und sie schwiegen wie das Grab, als sie den Zorn in seiner Stimme vernahmen. Dann zeigte Amma-Oelah in die Höhe, räusperte sich und donnerte nochmals: „Schaut hoch, Hunde! Denn sehet ... die Gefahr ist nahebei!"
Im selben Moment, als die Köpfe von Ibn Rama, Khamma What, Hassie-Bas und Ra Mama in die Höhe schossen, ging Amma-Oelah zur Tat über. Das scharf geschliffene Schwert sauste aus der Scheide, und ehe die vier tapferen Wüstensöhne begreifen konnten, was geschah, hatte er auch schon zugeschlagen. Vier dumpfe Schläge, und der Wüstensand färbte sich mit Blut.
Amma-Oelah blickte zufrieden auf das Werk seiner Hände und barg das Schwert in der Scheide. Er hatte das Seine getan. Den Rest der Arbeit überließ er Tarzan.
Er stieg über die vier stummen Körper und lief zu dem auf ihn wartenden Urwaldmenschen zurück.

Tarzan hatte seinen Augen nicht geglaubt, als er sah, wie Amma-Oelah die vier Wachtposten abschlachtete. Aber es war kein Traum. Bald darauf stand Amma-Oelah vor ihm und sagte: „Freund, es ist getan! Der Zugang in das Innerste des Standbildes steht weit offen!"
Tarzan nickte, er war mit Stummheit geschlagen. Einen Augenblick schaute er Amma-Oelah schweigend an. Dann lief er mit weit ausholenden Schritten auf das kolossale Standbild zu. Als er an den vier übereinanderliegenden Bewachern vorbeikam, bückte er sich und nahm eines der ihren Händen entglittenen Gewehre an sich. Dann begab er sich zur Hinterfront des Standbildes. Amma-Oelah hatte ihm erzählt, daß sich hier ein geheimer Zugang befände, von dem nur wenige Eingeweihte etwas wußten. Dicht über dem Boden, so hatte Amma-Oelah berichtet, stehe ein fast glatter Stein ein wenig nach außen. Tarzan brauche nur kräftig darauf zu drücken, und es würde etwas geschehen.
Tarzan kniete nieder, er fand den Stein ohne viel Mühe. Er drückte stark ...
Amma-Oelah hatte nicht gelogen!
Ein leises Poltern ertönte, ein schwerer Stein drehte sich um seine Achse, und ein gähnend schwarzes Loch wurde sichtbar. Einen Augenblick zögerte Tarzan, dann wagte er sich hinein. Er konnte keine Hand vor den Augen sehen, denn es war dunkel wie in einem Grab. Die Hände vorstreckend ging er ein paar Schritte weiter. Seine Füße stießen gegen etwas, das er für eine in den Stein gehauene Treppe hielt.
Ja, es war eine Treppe! Er klomm empor. Die Treppe war schmal und tief ausgetreten. In etwa zehn Minuten hatte er den höchsten Punkt erreicht. Er mußte sich jetzt im Haupt des Standbildes befinden. Vor sich sah er ein enormes Loch, und er begriff, daß dies das leere Auge des Standbildes sein mußte. Er mußte sich auf die Zehen stellen, um nach draußen blicken zu können. Er tat es. Tief unter ihm lag das Lager.
Deutlich konnte er Boy neben dem Feuer an den Pfahl gebunden stehen sehen. Er hoffte, daß Amma-Oelah nicht übertrieben hatte, als er versicherte, das Lager werde in heller Panik auseinanderstieben, wenn Rifas Zorn über das Wüstenvolk zum Ausbruch komme.
Er kniete nieder und schaute nun durch den Mund des Standbildes über die nächtliche Wüste hin. Er steckte den Lauf des mitgenommenen Gewehres durch die Öffnung nach draußen und löste schnell hintereinander drei Schüsse. Dann legte er die Hände wie ein Sprachrohr an den Mund — und Amma-Oelah schien nicht gelogen zu haben. Denn als er seinen Kriegsruf durch den Mund von Rifa erschallen ließ und seine Stimme wie ein Orkan durch die Nacht donnerte, war die Panik im Lager riesengroß!

Die Niederlage Saoed Sabis

Die Männer im Lager flogen hoch, als ob sie auf stachligen Kakteen säßen statt auf Sand, und rannten von panischer Furcht besessen nach allen Seiten auseinander.
Denn hört ... Rifa hat gesprochen ... zum erstenmal seit Jahrhunderten hatte er seine erzürnte Stimme hören lassen, und es war unverkennbar, daß ihr Stammesgott von großer Wut besessen war. Sie brüllten vor Angst und Entsetzen, und die Stimmen der Frauen und Kinder mischten sich so schrill in den Chor, daß das Geschrei kilometerweit zu hören war. Die Männer sprangen auf ihre Kamele und stießen sie hoch. Die im Schlaf überfallenen Tiere richteten sich träge auf und setzten sich langsam in Bewegung, begriffen nichts von all dem, was geschah.
Boy blickte mit großen Augen um sich. Er hätte schreien mögen vor Freude. Doch es wurde schon genug geschrien, deswegen schwieg er und schaute voller Entzücken auf das steinerne Standbild. Dort war Tarzan, dort war sein Vater!
Er hatte den Kriegsruf nur allzu gut erkannt! Jetzt konnte es nicht mehr lange dauern, bis er befreit wurde!

Leider benahmen sich nicht alle im Lager wie die Feiglinge. Das alte Weib, das die Schlange gestreichelt hatte, blieb bewegungslos sitzen, und die kohlschwarzen Augen in dem von tausend Falten gefurchten Gesicht funkelten bösartig. Sie zischte einige unverständliche Worte, und das Reptil glitt von ihr weg in den Sand. Die Frau stand auf, und ein gemeines Grinsen verzerrte ihr Gesicht zu einer grausamen Maske. Sie drehte sich um und ging langsam und furchtlos zu ihrem Zelt.
Die Schlange richtete sich auf. Das Reptil befand sich kaum einen Meter von Boy entfernt. Der schimmernde Körper wiegte sich sacht hin und her, und die gespaltene Zunge tanzte in dem weit offenen Maul mit den Giftzähnen. Boy fühlte das Blut aus seinem Gesicht weichen, und Schweiß brach ihm aus den Poren. Zum erstenmal in all den Stunden fürchtete er sich!
Rifas Anhänger flüchteten inzwischen nach allen Seiten, und am Rand des Dschungels stand Amma-Oelah und lachte triumphierend. Noch ehe die Sonne aufging, würde er den Rubin von Rifa besitzen und ein reicher Mann sein. Er dachte an Tarzan. Sobald der die ausgetretene Treppe herabkam, um seinen Sohn zu retten, würde er wohl kaum damit rechnen, daß Amma-Oelah schon bereit stand, ihn zu töten. Und er lachte, als er sich vorstellte, wie der Kopf des gutgläubigen Narren in den Sand rollte.
Aber Amma-Oelah hatte die Rechnung ohne den Wirt gemacht! Und der Name dieses Wirtes war Saoed Sabi!
Denn der Stammeshäuptling war nicht umsonst Häuptling. Saoed Sabi war Häuptling, weil er über weit mehr Gehirn verfügte als seine feigen Untertanen. Im selben Augenblick, da der Stammesgott seine zürnende Stimme erhoben hatte, wußte Saoed Sabi, wem diese Stimme gehörte.
Der Häuptling ließ sich nicht durch sprechende Standbilder beeindrucken. Niemand wußte besser als Saoed Sabi, daß sprechende Standbilder nur im Märchen vorkommen und daß alles nur Larifari war. Er verfluchte sein Volk, das feige davonstob — und er verfluchte Tarzan.
Der Urwaldmensch mußte sich noch im Standbild befinden, und schnell faßte er einen Entschluß. Er rannte in sein Zelt, wählte aus seiner Schwertersammlung das größte und schärfste und nahm es an sich. Dann rannte er auf das Standbild zu — zum großen Erschrecken von Amma-Oelah.
Das magere Kerlchen verschluckte fast seinen eigenen Adamsapfel, als er den von Rachsucht besessenen Saoed Sabi auf sich zukommen sah. Mit einem Ruck drehte er sich um und lief in heller Panik auf den Urwald zu.
Aber Saoed Sabi hatte ihn gesehen und brüllte: „Bleib stehen, verräterischer Sohn einer Hündin!"
Amma-Oleah kannte sich aus. Er hatte keine Lust, stehen zu bleiben und sich mit anzuhören, was ihm Saoed Sabi erzählte.

Er lief wie gehetzt; er hatte selber noch nicht gewußt, wie schnell er laufen konnte. Saoed Sabi blieb ihm, nach Luft schnappend, auf den Fersen. Das Rennen fiel ihm schwer, denn er hatte am Abend eine Hammelkeule verspeist, und sein Magen protestierte. Er blieb stehen, und plötzlich packte er das Schwert. Dreimal schwang er es über dem Kopf — dann ließ er es los! Die glänzende Waffe sauste pfeifend durch die Luft.
Durch die Nacht ertönte ein gräßlicher, jäh abbrechender Schrei. Dann war alles still. Saoed Sabi lachte zufrieden. Gleich darauf aber erstarb das Lachen, und mit einem Ruck drehte er sich nach dem Standbild um. Im Innern des steinernen Kolosses waren die eiligen Schritte Tarzans zu vernehmen, der eilends herabkam.
Plötzlich standen sich die beiden Gegner gegenüber!
Tarzan war völlig überrumpelt. Keinen Augenblick hatte er mit einer solchen Begegnung gerechnet.
Er schlug wie ein Stein zu Boden, als sich der Kopf Saoed Sabis in seinen Magen bohrte. Im nächsten Augenblick duckte sich der Häuptling auch schon über ihn, und Tarzan hatte den Eindruck, er werde metertief in den Sand gedrückt. Würgende Hände schlossen sich um Tarzans Kehle, und ein roter Nebel zog wie ein Vorhang vor seine Augen.
Und während sich die Schlange Boy Zentimeter um Zentimeter näherte, kämpften die zwei Männer um ihr Leben.
Tarzan lag auf dem Rücken im Sand, und der mehr als zweihundertvierzig Pfund schwere Saoed Sabi drückte ihn nieder. Der Urwaldmensch biß die Zähne zusammen, und die Muskeln seines Halses spannten sich wie Seile, um sich des Würgegriffs zu erwehren. Und dann fiel auf einmal Tarzans Kopf schlaff beiseite. Saoed Sabi keuchte vor Anstrengung, doch jetzt lösten sich seine Hände, und er lehnte sich einen Moment zurück. Dann stand der Häuptling langsam auf und blickte auf die bewegungslose Gestalt zu seinen Füßen.
Und dann plötzlich ... plumps ... saß Saoed im Sand. Tarzan hatte nach seinen Fußgelenken gegriffen und sie unter ihm weggerissen. Jetzt stand er vor ihm, und Saoed Sabi begriff, daß er das Spiel verloren hatte.
Tarzan zog Saoed an den Schultern hoch und stellte ihn auf die wackelnden Beine. Dann kam auch schon Tarzans Faust hoch und traf sein Kinn.
Armer tapferer Saoed! Er hatte das Gefühl, sein Kopf flöge davon. Er plumpste hintenüber in den Sand und blieb dort liegen. Und die Sonne würde am nächsten Tag hoch am Himmel stehen, wenn Saoed endlich erwachte.
Tarzan wartete nicht länger. Er machte sich auf den Weg zu Boy!

Tarzans Triumph

Durch die Stille der Nacht ertönte ein Angstschrei, der Tarzans Füße beflügelte. Er hatte die Stimme von Boy erkannt. So schnell er konnte, rannte er, um seinem Sohn zu Hilfe zu kommen. Das Feuer war fast erloschen, aber die schwache Glut genügte, die entsetzliche Angst im Gesicht des Knaben erkennen zu lassen.
Zugleich sah er die Schlange. Das Reptil war keine fünf Zentimeter mehr von dem am Pfahl festgebundenen Jungen entfernt. Jeden Augenblick konnte ihr Kopf nach vorn schießen, konnte sie die Giftzähne in das Bein seines Sohnes schlagen.
Tarzan zögerte keinen Moment. Es war jetzt zu spät, der Schlange seinen Willen aufzuzwingen; die Zeit war zu kurz und die Gefahr zu groß. Er vollbrachte einen enormen Weitsprung, und im selben Augenblick, da sich die Kiefern der Schlange um Boys Bein schließen wollten, fiel er auf das Reptil nieder. Dicht unter dem Kopf des Untieres schlossen sich seine Hände um den glatten Leib, und die Schreie Boys schienen aus weiter Ferne zu kommen. Die Schlange ringelte sich um Tarzans Körper, und ihre Kraft war so groß, daß sie seinen Brustkasten zusammen-

preßte. Er kämpfte mit allen Kräften, aber seine Hände fanden keinen Halt an dem glatten Leib. Und plötzlich wandte sich ihm der Kopf der Schlange zu, und die gelbgrünen Augen starrten ihn aus dichtester Nähe an. Das Maul war weit geöffnet, und die beiden gekrümmten Giftzähne waren nur wenige Zentimeter von Tarzans Gesicht entfernt.
Boy schrie. Ein hoher gellender Schrei kam aus seinem Munde, der über der Sandfläche erstarb.
Tarzan bohrte seinen Blick in die Augen der Schlange. Wenn es ihm jetzt nicht gelang, sich das Tier zu unterwerfen, müßte er sterben. Er mußte der Schlange seinen Willen aufzwingen ... er mußte!
Minutenlang blickten sie einander an, der Mann und die Schlange. Und es war, als ob Tarzan den Tod selber anschaute. Aber er schlug seine Augen vor dem hypnotisierenden Blick seiner Gegnerin nicht nieder. Und dann fühlte er plötzlich, wie sich die tödliche Umarmung lockerte. Der Kopf des giftigen Monstrums wiegte sich hin und her und wich dann zurück.
Langsam ließen Tarzans Hände los, und das Reptil glitt von seinem Körper weg und verschwand in der Nacht.
Minutenlang blieb Tarzan wie tot liegen. Es war nicht die körperliche, sondern vor allem die geistige Anstrengung gewesen, die ihn seiner Kräfte beraubt hatte.
Endlich stand er langsam auf. Er sah, daß dies alles für Boy zuviel gewesen war. Der Junge war in Ohnmacht gefallen und hing mit dem Kopf auf der Brust in den Stricken. Mit ein paar schnellen Bewegungen schnitt Tarzan die Taue durch. Er zog den Jungen hoch und nahm ihn über die Schulter.
Er blickte zum Horizont, wo sich bereits die Morgenröte ankündigte. Er reckte sich auf, und noch einmal erschallte sein Triumphruf über das verlassen liegende Lager.
Dann wandte er sich ab und lief auf den Urwald zu, dorthin, wo Jane auf ihn wartete.

ENDE